L.b 75.

AF268032

LAMARTINE

ET

LA RÉPUBLIQUE

Par J. M. M..

> Louange et gloire immortelles à Lamartine, comme poète.

> Les hommes sont très-rarement dignes de se gouverner eux-mêmes. (VOLTAIRE.)

> Tout change chez les Français beaucoup plus que chez les autres nations. (LE MÊME.)

> Il n'y a de pays dignes d'être habités par des hommes que ceux où toutes les conditions sont également soumises aux lois. (LE MÊME.)

Prix : 50 cent.

Au profit des Blessés de Juin.

—

SE VEND A BORDEAUX

Chez CH. LAWALLE, allées de Tourny, 52;
CHAUMAS-GAYET, fossés du Chapeau-Rouge;
FERET fils, fossés de l'Intendance.

1848.

LAMARTINE

ET

LA RÉPUBLIQUE.

Et d'abord, ~~nous nous~~ empressons de le dire :

Jusqu'au 24 février de cette année, la République a été notre rêve le plus brillant, notre espérance la plus chère, notre vœu le plus ardent, fermement convaincu que nous étions qu'une République, au dix-neuvième siècle, ne devait et ne pouvait ressembler à rien de ce qui a existé en ce genre, soit dans les temps anciens, soit dans les temps modernes. Nous croyions qu'instruits par les leçons de tant de siècles, éclairés des lumières universelles qu'ont répandues, pour leur éternelle gloire, une foule d'hommes de génie, les Français ne pouvaient que faire mieux que leurs ancêtres, et que, s'affranchissant de tout esclavage, se dégageant enfin de toute entrave liberticide, ils ne pouvaient tôt ou tard se donner, pour forme de gouvernement, qu'une République, qui devait (hélas !) profiter des erreurs et des fautes des Républiques, des gouvernements anciens, et s'approprier toutes leurs nobles institutions, tous leurs justes, tous leurs sages projets ; qui devait être, en un mot, la réalisation magnifique et complète de tous les principes d'honneur et de justice, d'indépendance et de vertu.

Oui, pour nous, jeune homme dont l'âme est ardente et le cœur généreux, dont toutes les aspirations sont nobles et pures ; pour nous, qui voudrions assister à tout ce qui se fait de grand et de beau dans ce monde pour l'admirer à deux genoux, la République, au dix-neuvième siècle, devait être le champ fécond où devaient briller tous les genres de gloire, se perfectionner tous les arts, s'épanouir toutes les libertés.

Et maintenant, nous sommes déçu ! Quelques ambitieux nous ont trompé ! ils ont dissipé nos rêves, fait évanouir nos espérances, et nous ont fait regretter nos vœux !

Jusqu'au 24 février, nous avions cru que les temps étaient venus où les esprits, mûris par l'expérience et une éducation générale, pouvaient sans nul danger adopter la forme de gouvernement républicaine : nous avions compté sans les égoïstes, sans les ambitieux ; ou plutôt, dans notre généreux optimisme, nous avions cru à la perfectibilité de la nature humaine ; nous avions cru que tels avaient été les hommes d'autrefois, tels ne devaient pas être les hommes d'aujourd'hui ; que si les hommes anciennement avaient été méchants, jaloux, égoïstes et lâches, ils étaient, de nos jours, portés à la fraternité autant qu'à l'indépendance.

Nous nous sommes trompé ! et il nous est d'autant plus pénible de reconnaître notre erreur, qu'en l'avouant nous renversons entièrement les dogmes consolants sur lesquels nous établissions nos espérances.

Il est donc vrai, une République ne détruit pas tous les abus et ne tue pas tous les fripons ! Comme dans toute autre forme de gouvernement, les intrigants s'y font la guerre !

Ah ! depuis cette date fatale, nos vues sur les destinées futures de l'homme, ici-bas, sont tout à fait changées.....

Non, non ! (et nous ne pouvons le penser sans une bien amère tristesse) malgré ses plus magnifiques efforts, le génie humain, quelque éclat, quelque grandeur qui l'accompagne, ne parviendra jamais à réformer l'humanité. Tels ont été les hommes, il y a quatre ou six mille ans, tels sont les hommes aujourd'hui. Leur caractère et leurs penchants sont restés les mêmes. Le progrès qu'ils ont fait, la civilisation dont ils jouissent n'ont rien changé dans leur nature ; au contraire, ce progrès et cette civilisation n'ont fait que leur donner de nouveaux ou de plus grands désirs, qu'apporter plus de force à leurs penchants. Enfants de la nature, ils en suivent les lois immuables. Les changements, en elle, après plusieurs milliers d'années, ne sont pas plus notables que dans le caractère des mortels; un peu plus d'ordre, un peu plus d'harmonie semblent régner à sa surface, mais dans le fond elle est toujours la même ; offrant de temps en temps quelque merveille, quelque production extraordinaire, comme de siècle en siècle apparaît chez les hommes quelque génie solitaire, dont la gloire n'appartient qu'à lui, comme la lumière au soleil.

Ainsi qu'aux premiers temps du monde, le chêne et le sapin portent leur cime dans les cieux, la rose embaume les airs, le zéphir et l'aquilon balancent ou brisent les arbres des forêts ; et l'homme, insatiable dans ses désirs, infini dans ses espérances, dédaigne le présent, ne songe, n'aspire qu'à l'avenir ; s'agite, se consume en vains efforts à la poursuite du bonheur ; ne se nourrit que d'illusions, ne soupire qu'après de vaines chimères, et meurt toujours désenchanté. Qui ne reconnaîtrait, à des signes si brûlants, l'habitant de la terre et l'exilé des cieux ?

La nature et le caractère des mortels n'ont donc jamais changé, ne changeront jamais ; car, de même que le mouvement dans les cieux est soumis à des règles certaines, les êtres, ici-bas, enchaînés par un lien mystérieux, obéissent, dès le commencement, à des lois immuables et de la dépendance desquelles il leur est aussi impossible de sortir, qu'aux planètes de changer le cours de leurs révolutions.

Ainsi tout apôtre, tout défenseur d'un système politique, qui fondera ses espérances de stabilité sur la mise en pratique universelle des plus grandes vertus, sur la communauté générale des plus nobles sentiments ; qui supposera *a priori* chez tous les hommes une quantité égale de raison, l'amour du bien et la bonne volonté de se prêter tout à coup aux exigences fortuites d'une nouvelle condition, ne trouvera, bien sûr, que d'amères déceptions, que désenchantement et que dégoût. Rêver le communisme de la vertu pour la société, c'est rêver l'impossible. Croire les hommes accessibles à la perfection morale, c'est croire une absurdité. Poursuivre en politique, en philosophie, la formule du bonheur et sa mise en pratique, c'est poursuivre la chimère éternelle que tous les législateurs et tous les sages des temps passés ont déjà, mais en vain, poursuivie.

Ce n'est donc pas à refaire le caractère des mortels, à édifier des systèmes qui les supposent ou meilleurs, ou plus perfectionnés qu'ils ne le sont véritablement, que doit travailler un homme de génie : c'est plutôt à réformer les institutions déjà anciennes, afin de les mettre au niveau des progrès de l'esprit humain ; à en établir de nouvelles, qui ne froissent pas trop les mœurs, les habitudes du siècle, qu'il doit souverainement s'appliquer. On n'améliore pas le sort d'un peuple par des mesures violentes ; on le rend pire, au contraire. Mais des lois sages et que n'aura pas dictées cet esprit ambitieux qui porte certains hommes à vouloir tout à coup un résultat complet, ne peuvent, à la longue, qu'atteindre leur but, c'est-à-dire, donner de la grandeur et de la prospérité à la nation qui les reçoit.

D'après ces principes, que dire du gouvernement qui, dès l'abord, a pris en main la cause de la République ? Honte et misère ! telle est l'histoire de la France qu'il nous a faite.

Et ici nous n'énumérerons pas tous les décrets aussi injustes qu'impolitiques qu'ont rendus nos gouvernants ; toutes les mesures dénotant une ignorance profonde dans l'art de gouverner et sur les besoins d'un peuple, qu'ils ont prises...

Mais toi, homme d'un génie véritable, comment es-tu tombé du ciel, où t'avait élevé l'âme la plus riche, entre toutes, des dons de Dieu ? Comment as-tu pu consentir à jouer ton nom, ta gloire si belle et si pure, contre un succès d'un jour, contre une popularité d'une heure ? Toi qui savais, bien sûr, cette vérité historique : L'ingratitude est la reconnaissance des peuples ! tu sembles avoir compté sur une durable popularité politique ! Mais la destinée des hommes qui, dès

le commencement du monde , ont voulu se mettre à la tête
d'une révolution quelconque , a toujours offert une parfaite
similitude. Dès qu'ils ont eu de l'énergie , et surtout une foi
extrême dans la bonté de leur cause , dès qu'ils ont toujours
poursuivi le même but , non seulement leur cause a triomphé,
mais encore ils sont demeurés jusqu'à la fin l'âme de la révolution qu'ils avaient faite , et ont continué à en diriger la
marche et le mouvement. Mais ceux qui, demeurés maîtres
du champ de bataille dans un combat d'opinions , ont semblé
déjà , le lendemain , se laisser aller aux courants divers de
l'incertitude, hésiter entre les nuances du parti vainqueur ,
entre l'ordre et l'anarchie, le peuple où l'émeute ; qui se sont
alliés à des hommes généralement haïs ou méprisés , parce
qu'ils comptaient en eux trouver des soutiens ; qui , après
avoir publiquement et magnifiquement parlé le langage con-
servateur d'un véritable homme d'état , ont agi , en croyant
servir leur cause , comme le dernier , comme le plus miséra-
ble des factieux , oh ! ils sont bien vite descendus du rang
suprême où , un moment , ils s'étaient élevés ; heureux si ,
dans l'obscurité au milieu de laquelle ils ont été vivre , le mépris ou la malédiction de tout un peuple , pour eux , n'a pas
remplacé l'oubli !

Les premiers ont été des géants et les seconds des nains politiques. Ceux-là ont su maîtriser le flot qui, vers l'avenir, em-
portait toute leur nation. Ils n'ont pas dû à la reconnaissance
publique l'honneur, la gloire magnifique du commandement.
Ils se sont imposés à elle. Ayant eu foi dans leur opinion, leur
courage naturel s'est changé en audace. Devant tout un passé
démoli, devant tout un peuple sans chef, ils n'ont pas hésité :
ils se sont hardiment mis à la tête des destinées de leur pays ;
et lorsqu'enfin ils ont succombé, leurs idées dominaient encore ; ils avaient déjà recueilli en partie le fruit de leur victoire, et, au fond de leur tombeau , les ont suivis la gloire et
une admiration universelle.

Ceux-ci, au contraire , se sont laissé déborder par la vague
toujours montante des révolutions. Leurs mille incertitudes
ont accusé leur impuissance ; et le peuple, qui apprend vite à

connaître ses chefs, les a laissés pour d'autres; il s'est retiré d'avec eux et toujours les a oubliés.

Aux premiers se rattachent, de près ou de loin, Mahomet, Cromwell, Washington et Napoléon; aux seconds, les Girondins surtout (1).

Lamartine, et avec lui ses collègues, est tombé comme les seconds. Combien doit être amère cette chute pour cet homme qui, s'il l'avait voulu, aurait été dieu de son vivant! Voilà donc là gloire politique qui l'attendait! Ah! pour son noble cœur, animé toujours, nous en sommes sûr, des plus pures, des meilleures intentions, qu'ont dû être poignants ces cris répétés de la foule : A bas, à bas Lamartine! Voilà ce que lui ont valu une alliance impie, et la faiblesse et l'indécision constantes qu'il a toujours montrées (2). Le tableau de sa vie vient tous les jours confirmer que les plus grands génies peuvent n'être pas universels. Les Jules-César, les hommes également illustres par la plume et par l'épée, dans les arts et dans les sciences abstraites, sont presque aussi rares que les Homères. Au contraire, les hommes transcendants qui devaient aux arts toute leur gloire et l'ont vue tout à coup s'obscurcir dans les régions spéciales de la politique, abondent dans l'histoire moderne. Sans aller plus loin chercher des exemples, n'a-t-on pas vu, il y a quelques lustres, le géant de la littérature nouvelle se retirer moins grand bien certainement, et tout à fait dépopularisé de l'arène politique?

Les hommes de génie, dans les arts, devraient être plus jaloux de leur gloire. Ravis en elle, comme le soleil au milieu de ses rayons, l'isolement leur conviendrait plutôt qu'un contact quotidien avec le vulgaire. « Le monde ne doit entendre d'eux que leur voix (Lamartine). » C'est pour eux surtout que la familiarité amène, sinon le mépris, au moins l'indifférence. Les dieux toujours se sont cachés aux mortels, et le mystère dont ils ont su s'environner n'a pas peu contribué au respect, aux hommages que la foule apportait à leurs pieds. Jupiter, environné de nuées, ne se pressentait qu'aux éclairs et à la foudre qui toujours l'accompagnaient. Un homme de génie commandera constamment à l'admiration de ses contem-

porains, tant qu'il ne se montrera à eux qu'à travers ses ouvrages, qui sont ses éclairs et sa foudre à lui. La gloire qu'il
obtiendra ainsi sera la gloire de ces hommes à jamais divinisés,
dont les noms n'apparaissent maintenant aux générations
qu'auréolés de la splendeur toujours nouvelle de l'immor-
talité.

C'est cette même gloire que nous attendions pour Lamartine. Poète aimé des poètes et adoré des femmes, historien
du premier ordre, homme bientôt reconnu pour le grand génie du siècle par tout l'univers, sa gloire était aussi pure que
ses vers étaient beaux, et grandissait chaque jour ; mais, dès
qu'il eut abordé la politique, il cessa de monter dans l'opinion,
bientôt même il descendit, et, quoique par instant il y ait été
brillant et magnifique, la politique, loin de lui fournir un
contingent de gloire, a terni son passé et bien aventuré son
avenir. On eût pardonné au poète ses odes à tous les partis.
On sait que chez les poètes le besoin de chanter est aussi inné
que chez le rossignol, et on leur pardonne facilement de pren-
dre leur sujet, n'importe lequel, partout où ils le trouvent.
Les hommes à imagination poétique sont d'ailleurs extrêmement mobiles : si « l'imagination fait la croyance » (M. B.
Disraëli), est-il donc étonnant que leurs idées, comme le
temps, soient toujours changeantes et incertaines? Mais on
n'a pu pardonner au politique l'inconstance de ses opinions. On a appelé Lamartine un phénomène politique ; on
l'a comparé à une larve, à une chrysalide, qui, à travers
mille transmutations de sa pensée, doit enfin s'arrêter à une
forme unique et particulière. Non ! Lamartine n'est pas un
phénomène politique ; non ! sa pensée jamais ne s'arrêtera à
une forme quelconque de gouvernement. S'il est quelque
chose en politique, il est poète, et voilà tout ; et par là s'ex-
plique naturellement cette versatilité d'opinions, qui serait
la honte de tout autre que lui.

Les poètes sont des oiseaux que tout bruit fait chanter, a
dit un célèbre. Nous dirons aussi : Les poètes sont comme les
femmes ; tout hommage les enivre, ils les recherchent pas-
sionnément. Ils se jettent à cœur joie au milieu des grandes

situations, n'importe lesquelles, sentant instinctivement que là sont la gloire et les hommages.

La gloire! tel est leur but constant : ils la cherchent près du trône de Dieu, dont ils chantent les grandeurs infinies, aux pieds de la femme (douce chimère! vivant idéal!) qui les a fascinés. Ils célébreraient l'enfer, si l'enfer pouvait leur donner la gloire. But magnifique! noble aspiration! Sans doute, ce n'est pas logique; mais les poètes, ces fils gracieux de la fantaisie, se moquent de la logique. Ils ne sont point astreints à ses règles étroites; c'est là un précieux privilége de leur art. Laissons-les donc chanter et sourire, gémir et soupirer, se lamenter et soudain pousser des cris joyeux : leur nature est ainsi faite. Du rire aux larmes, de la joie au désespoir, ils passent tour à tour; et c'est bien d'eux que l'on peut dire :

Du désir au regret, ils flottent sans repos.

Avec un tel tempérament, on voit combien ils seraient nuls ou dangereux à la tête d'une nation. C'est pour cela que Lamartine, ce poète politique, n'est pas plus l'homme qu'il faut placer au sommet de la République, qu'il n'est le dernier des habitants du pays. Son langage est magnifique, ses aperçus poétiques, il est vrai; mais il juge toujours les choses de trop haut, et surtout il n'a pas d'opinions et de but politique certains. Lamartine n'est pas cet homme d'action et d'idées largement positives, qui, seul, peut sauver la France. La poésie, pour une nation, ne vaut pas l'arithmétique. « Une nation
» aujourd'hui ne devient grande que par l'industrie, par l'a-
» griculture, par le commerce, richesses matérielles, si l'on
» veut, mais qu'une société intelligente sait développer au
» profit des idées morales et des gloires de l'esprit, comme au
» profit de son propre bien-être : on mourrait de faim dans la
» République des lettres, et les forêts d'oliviers, plantées dans
» les campagnes de l'Attique, sont devenues plus nécessaires
» à la prospérité de la Grèce que les vers immortels qui les ont
» chantées. » (Lavollée.)

Lamartine, sans doute, fait souverainement bien les ma-

nifestes; mais, comme il n'est pas d'usage d'en lancer tous
les jours, nous n'avons que faire d'un faiseur de manifestes. Il
est cependant un pays où Lamartine serait un homme politique par excellence : c'est dans un pays qui ne serait habité
que par des poètes. Là, parce qu'il serait compris, il serait
écouté. Ses moindres paroles seraient des oracles, et sa place
de premier entre tous serait moins due à son mérite positif et
à son audace qu'à l'admiration généreuse de ses concitoyens.
Mais ici, mais chez un peuple dont la vie n'est que faits et
action, qui ne peut se soutenir que par le commerce et l'industrie, on a trouvé fort beaux les discours de Lamartine,
mais on est encore à voir à quel résultat ils nous ont conduits.

Tous n'ont pas les rentes que procurent les places et la pro-
priété d'ouvrages fameux. On voudrait sincèrement admirer,
quoique pourtant avec raison, mais, en attendant, on voudrait ne pas mourir de faim. Si Lamartine, au milieu des ora-
ges d'une République naissante, haranguant la foule du haut
d'un balcon, ou monté sur une chaise sur la place publique,
ou faisant de *la selle de son cheval la plus belle tribune du
monde*, ou brisant à coups de poing les vitres derrière lesquelles s'abritaient les factieux, a trouvé sa situation éminemment poétique, et pour cela seul s'est plu à la prolonger,
sûrement nous avons trouvé la nôtre détestable et horrible-
ment vulgaire, car nous n'avons pas mal ressemblé à des
tréteaux, sur lesquels plusieurs montaient pour s'agrandir.

Si nous n'avons parlé que de Lamartine, c'est parce qu'il
nous a paru avoir été principalement, selon son expression,
la pensée du système (triste système!) qu'on a semblé sui-
vre ; c'est parce que ç'a été celui dont l'influence s'est fait le
plus sentir. Ses collègues du Gouvernement provisoire n'ont
pas plus semblé avoir été faits pour jouer un rôle politique,
que Cabet et son système pour gouverner la France.

Tous ces hommes ensemble n'ont fait qu'avilir, dans l'esprit des Français et des autres nations, la forme de gouvernement républicaine. Il est bien resté quelques hommes, au
jugement sain, qui savent que l'ange de la République, s'il
venait sur la terre, renierait de tels républicains ; mais le vul-

gaire, la foule, qui ne juge les systèmes que sur les hommes qui les dirigent, est en secret dégoûtée pour longtemps de cet état politique. La République a moins de sympathies à présent qu'avant le 24 février. Beaucoup, qui en avaient entrevu l'excellence et la beauté à travers les horreurs sanglantes au milieu desquelles apparaissait l'ancienne, étaient convaincus qu'au sein du dix-neuvième siècle, de ce siècle de paix et de lumières, de relations et d'industrie, elle montrerait enfin son excellence et sa beauté. Mais, après l'essai malheureux et déplorable que quelques impuissants en ont fait, sa cause, d'un instant à l'autre et selon les circonstances, peut être reperdue. On lui préférera, si elle succombe, tout autre gouvernement. On ne la regardera plus que sous deux points de vue : la terreur et l'impuissance. Allez ! hommes d'état bouffis d'orgueil et de misère (nous parlons de la misère du cœur), les républicains honnêtes, les républicains sincères et purs (malheureusement ils sont rares), qui veulent la République, mais vierge de tout excès, mais tolérante pour toutes les opinions, mais protectrice de tous les droits, mais économe dans son personnel, mais éminemment pacifique dans ses relations étrangères, mais ardente seulement à étendre son commerce et non ses idées, et à chercher dans ses alliances le plus d'avantages possibles pour ses enfants travailleurs, ces républicains vous doivent beaucoup. Vous avez fait comme cet Anglais qui, après avoir vendu sa femme, abandonna ses enfants au milieu d'un bois. En perdant un tel père, ces enfants avaient-ils réellement perdu ? Nous ne le croyons pas. Eh bien ! après avoir (nous pourrions dire vendu la République, car elle vous a rapporté des sommes que jamais vous n'auriez eues sans elle) ; après l'avoir avilie et déshonorée, vous avez lâchement abandonné ces républicains qui s'étaient bénévolement crus vos enfants. Vous avez pactisé avec leurs ennemis. Vous n'avez pas été de cette espèce de paratonnerres conducteurs qui soutirent la foudre et en rendent nuls tous les coups ; vous avez attiré l'orage anarchique, et, traîtres ou imprudents, vous avez rompu le fil de communication qui devait exister entre le peuple et vous.

Aussi, loin de nous avoir préservés de la foudre, malheureux! l'avez-vous attirée vous-mêmes dans les combles du bâtiment de l'Etat.

Nous ne vous regrettons pas; nous ne pouvons même être que plus heureux de votre abandon. Oui, vous avez bien fait de vous retirer! C'est le premier acte pour lequel vous avez été bien inspirés. Chaque jour davantage vous perdiez la République. Sa cause, confiée à de plus dignes et à de plus habiles mains, peut être regagnera-t-elle un peu de l'immense terrain déjà perdu.

Un immense terrain est déjà perdu pour la République, disons-nous? En effet, la République, si vivace quelques jours après sa triomphante et pacifique inauguration, est aujourd'hui maudite des trois quarts des Français, de tous ceux qui, pour faire leurs affaires, n'ont besoin que de l'ordre et de la confiance, et auxquels elle n'a donné jusqu'à ce jour qu'une défiance générale et presque l'anarchie. Elle avait promis une économie immense dans les deniers de l'Etat, mais elle n'y a apporté que dilapidations et gaspillages. Les impôts, diminués de toutes ses économies, devaient être allégés, mais il en a été d'eux comme de ses dépenses : ils ont augmenté directement et indirectement, sous tous les prétextes et sous toutes les formes. Elle a anéanti le travail, le commerce et l'industrie, lorsqu'on attendait d'elle une plus grande somme de bonheur. Quelques-uns, disons-le encore, savent bien que ce n'est pas à la République même qu'il faut attribuer de pareilles conséquences; que c'est plutôt à ces idiots politiques qui, dès l'abord, se sont emparés de l'administration des affaires. Mais allez donc faire entendre cela au paysan, au fermier qui n'a pas vendu sa récolte, à l'ouvrier qui ne travaille plus, à tous ces marchands de choses qui ne sont pas absolument nécessaires, et qui ont, de fait, fermé leurs boutiques. Ils vous répondront : Sous la royauté, on ne parlait certainement ni tant, ni si bien; on ne s'occupait pas du sort des travailleurs comme on le fait à présent; néanmoins nous vendions notre récolte, nous gagnions de bonnes journées, nos affaires nous donnaient un bénéfice raisonna-

ble ; tandis qu'aujourd'hui , avec le gouvernement républicain , et quand nous avons à la tête, des poètes , des astrono-
mes, des avocats , tous gens qui se disent capables, qui pen-
sent au peuple , qui s'occupent beaucoup de lui ; que l'on voit,
dans leurs admirables discours, portés tout à fait à nous faire
du bien , nos affaires vont plus mal que jamais ; d'où nous
concluons que ce n'est pas la faute des gouvernants , puisqu'ils
sont bien intentionnés , mais bien la faute de la République ,
qui , en elle-même , est un mauvais gouvernement.

Voyez-vous ! le plus clair de quatre mois d'incapacité ou
de félonie , ç'a été l'abaissement tous les jours plus profond de
la République dans les esprits ; à ce point qu'on ne peut se
montrer, dans aucun groupe de gens dits comme il faut, fran-
chement républicain , sans être secrètement taxé d'anarchiste,
de communiste , de socialiste , de proudhoniste , adjectifs
qu'un républicain honnête regarde pourtant comme infâmes
et déshonorants.

Aussi dirons-nous aux nouveaux administrateurs de la
chose publique : Hâtez-vous d'apporter un remède au mal qui
nous dévore ! Ce mal n'est pas derrière vous , il est devant.
Ce n'est pas en calomniant l'ancien état de choses, que vous
légitimerez et consoliderez le nouveau ; c'est en rétablissant
l'ordre , et par l'ordre la confiance , et par la confiance le travail , que vous raviverez les sources de la richesse et de la
prospérité publiques , et que vous gagnerez à la cause de la
République la classe nombreuse des gens d'affaires , à laquelle
peu importe la forme de gouvernement qui doit triompher ,
pourvu que le commerce et l'industrie soient florissants. A
tout prix surtout évitez la guerre ! C'est le plus grand , le plus
terrible fléau du genre humain, et une éternelle infamie de-
vrait être réservée à quiconque la prêche. Sans doute, il est
beau de défendre un peuple opprimé, d'aller sur maints
champs de bataille cueillir les lauriers enivrants de la gloire ;
mais ces philosophes politiques que le sort a placés à la tête
des nations ne trouveront-ils donc jamais d'autre moyen de
vider leurs querelles que par les batailles ? N'auront-ils donc
jamais souci du sang de leurs peuples ? et parce qu'ils vou-

dront telle ou telle chose, parce que leur orgueil n'aura pas voulu céder devant l'orgueil d'un autre, faudra-t-il donc toujours qu'ils envoient à la boucherie des milliers d'hommes, leurs sujets, qui ignorent souvent les motifs de la lutte?

Pas de guerre donc, tant qu'on ne viendra pas attaquer nos foyers! La médiation modérée des puissances neutres peut terminer les différends survenus entre deux nations. La paix, la paix à tout prix ! « Elle refait à elle seule le sang tari des nations. » (A. de Broglie.) Nous le savons, « il faut de » l'héroïsme dans la conviction pour combattre la guerre dans » une Chambre française. » (Lamartine.) Mais il n'en est pas moins vrai que, « dans un pays libre, on ne doit faire la guerre » que pour défendre la Constitution ou la nation. Notre Con- » stitution est d'hier, il lui faut du calme pour s'enraciner. Un » état de crise comme la guerre s'oppose aux mouvements ré- » guliers du corps politique. Si nos armées combattent au de- » hors, qui contiendra les factions au dedans? Attendons qu'on » nous attaque, et l'esprit des peuples combattra alors pour » nous. La justice d'une cause vaut des armées. Mais si on » peut nous peindre aux yeux des nations comme un peuple » inquiet et conquérant, qui ne peut vivre que dans le trouble » et dans la guerre, les nations s'éloigneront de nous avec ef- froi. » (Discours de Becquet à la Convention, 1792.) —Concen- trez donc tous vos soins sur l'intérieur de la France, encore se- rez-vous assez occupé. Si la France n'attaque pas, qui donc osera l'attaquer? Soyez justes, c'est-à-dire pacifiques, vous serez forts. Mais, je le dis avec tristesse, vous pouvez devenir forts, vous ne serez jamais grands dans l'esprit des nations. Les commence- ments de la République en ont tué les qualités morales. Elle ne doit plus compter sur cet ascendant magnifique que donne tou- jours la véritable grandeur. Nous n'espérons plus voir se réa- liser, pour la France, les vœux les plus chers de nos jeunes années. La République, dans son acceptation parfaite, sera éternellement l'idéal des grands esprits; jamais ils n'en ver- ront la réalité. Pour qu'elle pût atteindre à sa perfection, il faudrait que le caractère des hommes changeât, ce qui est impossible, ainsi que nous l'avons dit plus haut; il faudrait

que les ambitieux n'eussent plus d'ambition ; que les turbu-
lents consentissent à demeurer tranquilles, et que l'argent,
cet éternel mobile, ne tentât plus autant ceux qui aspireraient
à gouverner. Mais, répéterons-nous, dans tous les gouvernements il y a eu et il y aura des abus et des fripons ; la société
est, de toute éternité, vouée aux intrigants, grands ou petits,
qui toujours se disputeront la conduite de ses destinées. C'est
pour n'avoir pas compris et bien pesé cela, que nous et tant
d'autres avons été déçus. Nous avions des espérances, nous
en repaissions notre âme : hélas ! elles se sont envolées. Quel
est l'homme qui n'en a pas, qui n'en a pas eu ? « Presque
toute la terre s'est nourrie d'illusions. » (Voltaire.)

N'importe ! nous n'en serons pas moins républicains sincères de la Répbulique imparfaite qui doit désormais régner
dans notre patrie. L'amour de la patrie ! voilà le noble senti-
ment dans lequel devraient s'unir et se confondre les vieux et
les jeunes partis. Un pays peut se passer de dynasties, mais
il ne peut se passer de l'amour de ses enfants.

Ah ! nous nous oublions : rêver, pour une nation, la fu-
sion complète des partis, c'est rêver un fait sans précédent
dans l'histoire du monde, et par conséquent extrêmement im-
probable.

Ainsi, toujours livrées aux incertitudes, toujours traver-
sées par les partis, nos destinées ne peuvent se prédire. « Dans
» toutes les décisions de l'homme, il y a toujours quelque
» chose qui échappe à la sagesse humaine, que Dieu seul
» connaît : l'imprévu. » (Jules Favre.) C'est là ce qui décon-
certe même les prévisions du génie. Aussi nous garderons-
nous de sonder l'avenir en prophète. Nous craindrions, d'ailleurs, de n'y rencontrer que tristesse et découragement. Nous
ne faisons que des vœux bien ardents, bien patriotiques ; et,
en terminant, s'échappe de notre cœur cette prière, ce cri
brûlant : Dieu ! protégez la France !

Bordeaux, le 30 juin 1848.

NOTES.

—

(1) On s'étonnera, peut-être, du jugement que nous portons sur les Girondins. Cependant, il n'est rien de ce qui précède, et qui se rapporte à eux, que nous ne puissions soutenir, et prouver même. Chefs brillants du parti révolutionnaire, du parti vainqueur, leur influence fut d'abord considérable; mais l'incertitude, l'hésitation après la victoire, cet écueil qu'évitent seuls les grands hommes, s'empara de leur âme; et, tandis qu'ils s'arrêtaient, surpris un moment de leur victoire et songeant à l'usage qu'ils en feraient, des hommes plus hardis, mais plus violents, survinrent, qui les culbutèrent. Leurs rapports avec certains hommes de la Montagne sont connus : personne ne les contestera. Qui n'a lu leurs magnifiques discours en faveur de la constitution, qui assurait au roi la couronne et le pouvoir? Qui n'a pas admiré, surtout, ce plaidoyer plein d'éloquence brûlante par lequel Vergniaud, le sublime Vergniaud, aurait sauvé Louis, s'il avait pu être sauvé? Mais aussi, qui n'a pas été indigné contre les Girondins, qui ne les a pas flétris en son cœur, à la vue de la lâcheté qu'ils commirent, après avoir voulu sauver le roi, de voter sa mort ? Le premier nous les admirons, nous saluons en eux l'assemblage élevé d'une poétique intelligence, d'une parole vive et toujours éloquente, d'un caractère antique et enthousiaste du beau; mais, avec l'histoire, nous n'oublierons pas que le courage a manqué à leurs opinions, et que leurs vertus ont été souillées d'une odieuse lâcheté.

(2) Nous avons attaqué et nous attaquerons encore la politique de Lamartine ; mais ses mœurs, mais son caractère, jamais! Et aurait-on, ou croirait-on avoir des preuves de sa complicité avec ces hommes sanguinaires qui ont mis la République à deux doigts de sa perte, que notre cœur se refusera toujours à croire que, des sommets brillants et purs de la gloire, un homme puisse descendre ainsi au plus profond de l'abîme creusé par la honte et le déshonneur. Non, non ! l'auteur de l'*Ode* sublime *à lord Byron*, de *Novissima Verba*, méditation immortelle! du *Poète Mourant*, la plus harmonieuse et la plus parfaite des conceptions poétiques, de la *Mort de Julia*, élégie au-dessus de toute louange, composée aux pieds du Calvaire, d'une foule de *Méditations* et d'*Harmonies* qu'une sainte tristesse et une ardeur extrême d'amour ont pu seules inspirer, n'est pas un terroriste

déguisé, un républicain à la manière de Marat et de Robespierre, un homme qui veuille de sang-froid le retour de l'anarchie et la ruine de son pays! De telles accusations avilissent ceux qui les lancent. Lamartine n'a erré que par faiblesse ou par suite de son tempérament poétique, qui lui a souvent fait saisir les choses d'un point de vue trop élevé pour le commun des hommes; mais que Lamartine ait voulu consciencieusement la honte et la misère de la France, c'est ce que nous nions formellement! Et, hautement, nous protestons d'avance, au nom de la poésie et de l'honneur, de la gloire et de la religion, choses que Lamartine a sans cesse adorées, qu'il n'est pas au moins coupable de préméditation.

Si quelques-unes de nos expressions ont paru violentes, c'est qu'en les rendant nous pensions davantage aux collègues de Lamartine qu'à Lamartine lui-même. Notre intention, en écrivant ces lignes, n'a donc pas été de flétrir Lamartine, (loin de nous pareille idée!) mais bien de montrer son inaptitude pour le rôle auquel, un moment, il a semblé viser. A chacun son œuvre : à l'avocat, son plaidoyer; à l'astronome, son télescope; au poète, sa muse, rien que sa muse; et seulement à l'homme d'Etat, la conduite des affaires et du gouvernement de son pays.

Si maintenant ce n'était pas un peu trop tard pour lui, nous dirions à Lamartine ces beaux vers que lui-même adressait naguère au barde sublime qui se personnifia dans *Childe-Harold* :

> Viens reprendre ton rang dans ta splendeur première,
> Parmi ces purs enfants de gloire et de lumière
> Que d'un souffle choisi Dieu voulut animer,
> Et qu'il fit pour chanter, pour croire et pour aimer!

BORDEAUX. IMPRIMERIE D'ÉMILE CRUGY.

www.ingramcontent.com/pod-product-compliance
Lightning Source LLC
Chambersburg PA
CBHW061201050726

47594CB00008B/3514